रवीन्द्रनाथ टैगोर

(जीवन कथा)

रवीन्द्रनाथ टैगोर

विष्णु नागर

श्रृंखला सम्पादक

लीलाधर मंडलोई

वाणी प्रकाशन ग्रुप | भारतीय ज्ञानपीठ

वाणी प्रकाशन : भारतीय ज्ञानपीठ की पुस्तकों के एकमात्र प्रकाशक एवं वितरक

सजिल्द दूसरा संस्करण : 2019
सजिल्द तीसरा संस्करण : 2024
सजिल्द चौथा संस्करण : 2026

शिक्षोदय ग्रन्थमाला : ग्रन्थांक 040

वाणी प्रकाशन ग्रुप

4695, 21-ए, दरियागंज, नयी दिल्ली-110 002
फ़ोन : 011-23273167, 23275710
ईमेल : sales@vaniprakashan.in

रवीन्द्रनाथ टैगोर
(जीवन कथा)
विष्णु नागर

ISBN : 978-93-263-5527-8

मूल्य : **295**

मुद्रक : एस.के. इंटरप्राइजेज, दिल्ली-110 093 में मुद्रित

RAVINDRANATH TAGORE
(Jeewan Katha)
***by* Vishnu Nagar**

भारत के भविष्य : युवा साथियों के लिए

मेरी बात

रवींद्रनाथ टैगोर की शख्सियत इतनी बड़ी थी कि उन पर, उनकी रचनाओं पर, उनके काम पर लिखने का सिलसिला उन्हें नोबेल पुरस्कार मिलने के सौ बरस बाद आज भी जारी है,साथ ही उनकी किताबों को पढ़ना-समझना भी। रवींद्रनाथ के विशाल व्यक्तित्व को सामने रखने की यह एक बहुत छोटा-सा परिचयात्मक प्रयत्न है जिससे यह अन्दाज हो सके कि उनका व्यक्तित्व कितना विराट था। वह एक धनीमानी परिवार में पैदा हुए थे, मगर वह परिवार ऐसा था,जिसमें साहित्य-संगीत-रंगमंच और ज्ञान के गहरे संस्कार थे और पैसे का घमंड बिल्कुल नहीं था। इसीलिए वह साधारण से साधारण किसान के जीवन को भी रवींद्रनाथ समझ सके,उसे अपनी सहानुभूति और समर्थन दे सके। उनका लेखन विपुल और विविध है। कविता, कहानी, उपन्यास, निबन्ध, नाटक सब कुछ उनके यहाँ है और इस रूप में है कि आज का पाठक भी इसे पढ़कर पढ़ने का वास्तविक सुख पा सके और जो लेखक हैं वे लिखने की कला को और माँज सकें, उनसे सीख सकें। संगीत की तो बंगाल में उन्होंने जो अपनी परम्परा शुरू की, उसकी शैली का नाम ही रवींद्र संगीत है,जो अत्यन्त लोकप्रिय है। उन्होंने शन्तिनिकेतन जैसा अनोखा विश्वविद्यालय हमें दिया, जिससे ज्ञान और कला के क्षेत्र की अनेक

विभूतियाँ जुड़ी रहीं। उन्होंने जीवन के अन्तिम वर्षों में पेंटिंग पर भी हाथ आजमाया और उनके इस रूप को भी वैश्विक कला जगत में मान्यता मिली। उनका महत्व सिर्फ इसलिए नहीं है कि उन्हें एक शताब्दी से भी पहले नोबेल पुरस्कार मिला था और उनके बाद किसी भारतीय लेखक को नहीं मिला, बल्कि इससे परे भी वह बहुत कुछ थे।

उनका जीवन हमें बहुत कुछ बताता है,जो खासकर हमारे युवाओं की साहित्य, कलाओं और ज्ञान में रुचि का विस्तार करता है।

—विष्णु नागर

ताकतवर हमेशा ही आजादी के गलत उपयोग के बारे में शिकायत करके उसे दबाने की कोशिश करते हैं, लेकिन आजादी का दुरूपयोग करने का ही अगर अधिकार न हो, तो उसे आजादी कैसे कहा जा सकता है? दुरुपयोग के द्वारा भी सही उपयोग करने की जो सीख मिलती रहती है, वही असली सीख है। कम से कम मैं इस बात को जोर देकर कह सकता हूँ कि आजादी के कारण जो बखेड़ा हुआ है, उसने मुझे बखेड़े से बचने के रास्ते पर पहुँचा दिया है। इस ताड़ना, अनुशासन और मारपीट, कान उमेठना और कान में मंत्र देने से मुझे जो कुछ भी दिया गया है, उससे मैंने कुछ भी नहीं सीखा।

धर्म और राष्ट्र के ठेकेदार शुद्धतावादियों की पुलिस का मेरा दूर से नमस्कार। उससे जो गुलामी पैदा होती है, उसके बराबर दुनिया में दूसरी कोई बला नहीं।

—रवीन्द्रनाथ टैगोर

रवीन्द्रनाथ टैगोर

प्लासी युद्ध के बाद लगभग पूरा भारत क्रमश: अँग्रेजों के कब्जे में आने लगा था। ब्रिटिश संसद ने ईस्ट इंडिया कम्पनी को भारत में व्यापार करने के अधिकार दे दिए थे। रवींद्रनाथ ठाकुर (टैगोर) के पूर्वज ईस्ट इंडिया कम्पनी के साथ कोलकाता आ पहुँचे थे। उस समय कोलकाता खुले मैदानों का इलाका था, जिसमें गंगा के पूर्व में

टैगोर के माता-पिता

तीन गाँव थे। इनमें से एक गाँव गोविन्दपुर था। रवींद्रनाथ के पूर्वज पिराली ब्राह्मण थे, जो खुलना के बड़ोपाड़ा से गोविन्दपुर आकर बस गए थे। उस समय के सेठ ईस्ट इंडिया कम्पनी से व्यापार किया करते थे। रवींद्रनाथ के पूर्वज पंचानन कुशरी ने भी इन्हीं के साथ साझे में काम किया। उनके कर्मचारी पंचानन कुशरी को चूँकि 'ठाकुर मोशाय' या 'ठाकुर' कहते थे, यही ठाकुर अँग्रेजी उच्चारण में टैगोर हो गया और पंचानन्द कुशरी से पंचानन्द ठाकुर हुए और फिर पंचानन टैगौर हो गए। उनका कुलनाम कुशरी हमेशा के लिए गायब हो गया। पंचानन ठाकुर के नाती नीलमणि, दर्पनारायण और गोविन्दराम थे। दर्पनारायण और गोविन्दराम ने पाथुरिया घाट इलाके में जमीनें खरीदीं और वहीं बस गए। इन दोनों भाइयों ने राजस्व अधिकारी के रूप में खूब पैसा कमाया। बाद में ये दोनों परिवार अलग-अलग हो

गए। नीलमणि ठाकुर के तीन बेटे हुए—राम लोचन, राममणि, रामवल्लभ और एक बेटी हुई कमलमणि। राममणि के बेटे हुए द्वारकानाथ (1794–18460), जिन्हें रामलोचन ने अपना दत्तक पुत्र भी बनाया था।

द्वारकानाथ टैगोर को पहला भारतीय उद्योगपति भी माना जा सकता है। उनकी आरम्भिक शिक्षा घर में हुई और बाद में चित्तपुर के शेर्बोर्न स्कूल में। उनका विवाह दिगंबरी देवी से हुआ, जो विवाह के समय मात्र नौ वर्ष की थीं। उन्होंने अपने परिवार की भूमि और अन्य सम्पत्तियों में काफी तेजी से बढ़ोतरी की। इसके लिए अन्य बातों के साथ बंगाल के भद्रलोक की और अदालत की भाषा फारसी तो उन्होंने सीखी ही, अँग्रेजों के संसर्ग में आकर अँग्रेजी भी सीखी।

मोहक बचपन

गुरुदेव का पुश्तैनी घर

युवावस्था में उन्होंने अपना कामधन्धा शुरू कर दिया था। पहले उन्होंने रेशम और नील की खरीदारी में ब्रिटिश कम्पनी की मदद की, इसके बाद उन्होंने स्वतन्त्र रूप से यह काम किया। उस समय नवाबी जा रही थी, अँग्रेज अपने कानून ला रहे थे। द्वारकानाथ ने इनका भी अध्ययन किया। इस कारण उन्हें बंगाल और बिहार के कई जमींदारों ने अपना सलाहकार बनाया।

29 वर्ष की उम्र में वह 24 परगना के कलेक्टर नियुक्त हुए और नमक के एजेंट का काम भी किया। कुछ वर्षों में वह राजस्व

अधिकारी बन गए। वह पहले बंगाली थे, जिन्होंने यूनियन बैंक नामक एक बैंक की स्थापना की। बाद में जब ईस्ट इंडिया कम्पनी के कारोबार समेटने के बाद द्वारकानाथ ने ब्रिटिश-भारतीय कम्पनी शुरू की। उन्होंने रानीगंज की कोयला खदानों का पट्टा हासिल किया, नील, जूट और चीनी का व्यापार किया, बड़े पैमाने पर जमीनें खरीदीं। बीमा उद्योग और जहाज कम्पनी संचालित की। एक जमाने में उत्तरी बंगाल का एक बड़ा इलाका उनके कब्जे में था। उनकी खर्चीली आदतों के कारण उन्हें 'प्रिंस' कहा जाता था। उनके मित्रों में राजा राममोहन राय तो थे ही, क्वीन विक्टोरिया भी थीं।

द्वारकानाथ ने सम्पत्ति कमाने के साथ जनकल्याण कार्यों में भी दिलचस्पी ली। राजा राममोहन राय के साथ उन्होंने धार्मिक-सामाजिक सुधारों में हाथ बँटाया। सती प्रथा पर रोक लगाने के प्रयास में भी वह राजा राम मोहन राय के साथ खड़े हुए। लेकिन द्वारकानाथ ने धन कमाया खूब तो गंवाया भी खूब। उनकी मृत्यु इंग्लैंड में 1846 में हुई।

युवावस्था में गुरुदेव

विवाह के समय गुरुदेव पत्नी मृणालिनी के साथ

उनके बेटे देवेंद्रनाथ (1817–1905) ने विरासत में सम्पत्ति पाई तो कर्ज भी पाया, जो उन्होंने किफायत से चलकर पूरा चुकाया। वैसे पिता के रहते उनका जीवन काफी शान से बीता था।

देवेंद्रनाथ ठाकुर वैसे तो हिन्दू दार्शनिक, धार्मिक सुधारक और ब्रह्मोसमाज के संस्थापकों में से थे मगर उन्होंने दुनियावी मामलों को भी खूब सँभाला था। उनकी सम्पत्ति बंगाल के कई जिलों में फैली थी। उन्हें 'तत्वबोधिनी सभा' की स्थापना और उसकी पत्रिका प्रकाशित

करने का श्रेय भी जाता है। उनकी चौदहवीं और अन्तिम सन्तान थे रवींद्रनाथ। देवेंद्रनाथ के सबसे बड़े बेटे द्विजेंद्रनाथ (1840-1926) विद्वान, कवि और संगीतज्ञ हुए। उन्होंने 'कालिदास' के मेघदूत का बांग्ला में अनुवाद किया। उनसे छोटे सत्येंद्रनाथ पहले भारतीय थे, जो भारतीय सिविल सर्विस (आईसीएस) में चुने गए। हेमेंद्रनाथ (1844-1884) वैज्ञानिक, धार्मिक और योगी थे। ज्योतिंद्रनाथ (1849-1925) विद्वान, कलाकार, संगीतकार और रंगकर्मी थे। उनकी बेटियाँ—सौदामिनी, सुकुमारी, शरत कुमारी, स्वर्ण कुमारी और वर्ण कुमारी थीं। स्वर्ण कुमारी लेखिका और समाजकर्मी थीं।

गुरुदेव व पत्नी अपने नवजात शिशु के साथ

गुरुदेव बेटी और बेटा के साथ

ऐसे सम्पन्न मगर प्रतिभाशाली लोगों के परिवार में रवींद्रनाथ जैसी अद्‌भुत प्रतिभा का होना अस्वाभाविक नहीं था। उन्होंने अपने अस्सी साला जीवन में जैसी विश्वकीर्ति कमाई, विभिन्न तरह के काम किये, उनकी मिसाल साहित्य-कला की दुनिया में आसानी से नहीं मिलती। उनके जीवित रहते और आज तक बांग्ला साहित्य में तमाम बड़ी-बड़ी प्रतिभाओं के बावजूद उनके प्रभाव को अब भी उसी तरह महसूस किया जाता है। शायद ही कोई बंगाली परिवार होगा, जिसने उन्हें किसी न किसी रूप में जाना-जिया न होगा। उन्होंने

कविता के अलावा गद्य की लगभग हर विधा में काम किया- उपन्यास, कहानी, नाटक, निबन्ध, यात्रा संस्मरण, बाल साहित्य आदि। उन्होंने संगीत, नाटक और नृत्य नाटिकाएँ भी लिखीं। रवींद्र संगीत का बांग्ला जीवन में लगभग वही स्थान है जो रवींद्र साहित्य का है। उनके लिखे गीतों की संख्या करीब दो हजार बताई जाती है। उन्होंने साठ वर्ष की उम्र में पेंटिंग करना शुरू करके और उसकी एक अलग शैली विकसित करके अपने प्रशंसकों और पूरी दुनिया को चकित किया। उनकी पेंटिंग की कई प्रदर्शनियाँ उनके रहते ही दुनिया के अनेक देशों में लगी थीं। वह सौ से भी अधिक वर्ष पहले से लेकर अभी तक साहित्य का नोबेल पुरस्कार प्राप्त करनेवाले अकेले भारतीय लेखक हैं और पहले गैरयूरोपीय लेखक भी। विश्व भारती की स्थापना उनका उतना ही बड़ा कार्य है। वह अकेले ऐसे लेखक हैं जिनकी लिखी रचना जन गण मन भारत का राष्ट्रगीत बनी तो आमारा सोनार बाँगला बांग्लादेश के स्वाधीन होने के बाद वहाँ का। यह भी कहा जाता है कि श्रीलंका का राष्ट्रगीत भी उन्होने लिखा, मगर कुछ कहते हैं कि यह उनका लिखा नहीं है, उनसे प्रेरित होकर लिखा गया है। वह अकेले ऐसे लेखक हैं जिन्हें गाँधीजी का सम्मान तो प्राप्त था ही, उनसे वह अनेक असहमतियाँ भी रखते थे। वह ऐसे लेखक थे, जो गुलामी के समय ब्रिटिश सरकार से नाइटहुड की उपाधि स्वीकार करके उसे जलियांवाला बाग के हत्याकांड के बाद उसे वापिस करने का नैतिक साहस भी रखते थे। शायद ही उनके समय में और बाद का कोई भारतीय लेखक इतना अधिक देश-विदेश घूमा हो, जिसे ढेरों निमन्त्रण मिले हों और जिसने अद्‌भुत सम्मान हासिल किया हो।

गुरुदेव अपने परिवार के साथ

बचपन :

उनका बचपन अनेक दिलचस्प प्रसंगों से भरपूर है। उनके एक बड़े भाई सोमेंद्रनाथ और उनके भांजे सत्यप्रसाद उनसे उम्र में दो साल बड़े थे। ये दोनों एक दिन स्कूल जाने लगे और रवींद्रनाथ को छोटे होने के कारण नहीं भेजा गया तो वह रोने लगे। रवींद्रनाथ ने इससे पहले कभी घर से बाहर कदम भी नहीं रखा था। दरअसल स्कूल से लौटकर उनके भांजे सत्यप्रसाद रास्ते में देखी-सुनी चीजों के बारे में इस कदर बढ़-चढ़कर बताया करते थे कि रवींद्रनाथ की स्कूल जाने की इच्छा होने लगी थी। स्कूल में उनके एक शिक्षक ने स्कूल के प्रति उनका मोहभंग करते हुए उन्हें जोरदार थप्पड़ मारते हुए कहा था कि अभी तो तुम स्कूल जाने के लिए इतने रो रहे हो, लेकिन देखना किसी दिन स्कूल नहीं जाने के लिए बहुत ज्यादा रोओगे। बाद में रवींद्रनाथ को उन शिक्षक का नाम-धाम, शक्ल-सूरत कुछ याद नहीं

रही, लेकिन उन्होंने लिखा है जो बात उन्होंने तब कही थी, वह मेरे बारे में ऐसी अचूक भविष्यवाणी थी, जैसी मेरी जिन्दगी में दुबारा किसी और ने नहीं की।

स्कूल जाने की जिद के कारण उन्हें ओरियंटल सेमिनरी स्कूल में समय से पहले ही भर्ती कर दिया गया था। वहाँ अगर कोई बच्चा पाठ पढ़कर नहीं सुना पाता था तो उसे मेज पर खड़ा करके उससे कहा जाता था कि अपने दोनों हाथ फैलाओ और उन पर क्लास के छात्रों की ढेरों स्लेटें लाद दी जाती थीं। इस सेमिनरी में वह ज्यादा दिन नहीं टिके। फिर उन्हें नारमल स्कूल में भर्ती कर दिया गया। तब भी वह बहुत छोटे थे। वहाँ की एक बात उन्हें याद थी कि पढ़ाई शुरू होने से पहले मनोरंजन के नाम पर सारे बच्चों को गैलरी में बैठाकर गाने के स्वर में उनसे अँग्रेजी कविताएँ गवाई जाती थीं। स्कूल के अधिकारियों की समझ यह थी कि इससे पढ़ाई शुरू करने से पहले बच्चों का

पत्नी और भाई के साथ

गुरुदेव का परिवार

मनोरंजन होगा, लेकिन बालक रवींद्रनाथ को लगता था कि यह कौन-सा मन्त्र है, जो पढ़ाया जा रहा है, किसकी पूजा की जा रही है? रोज-रोज वही-वही बेकार का राग अलापना उन्हें नापसन्द था, लेकिन करते क्या? अधिकारियों की समझ पर चलना ही लड़कों का कर्तव्य माना जाता था, बच्चों से यह जानना बिल्कुल जरूरी नहीं था कि क्या उनका इससे वाकई मनोरंजन हो रहा है? नार्मल स्कूल उन्हें बिल्कुल अच्छा नहीं लगा। इसके अच्छा नहीं लगने का एक कारण यह भी था कि वहाँ वह अपनी उम्र के बाकी लड़कों से घुलमिल नहीं पाए थे वरना शायद उन्हें वहाँ इतना बुरा भी नहीं लगता। वह ऊबकर मन ही मन हिसाब लगाया करते कि यहाँ उन्हें एक-दो-तीन यानी कितने साल बिताने पड़ेंगे? शिक्षकों का बर्ताव

और भाषा के कारण रवींद्रनाथ उर्फ रवि के मन में उनके प्रति आदर नहीं जागता था। वहाँ वह शिक्षकों के किसी सवाल का उत्तर नहीं दिया करते थे। वह बारहों महीने सबसे पीछे बैठते और अपने अनेक बाल कल्पनाओं में रमे रहते। स्कूल के बाहर के दृश्य उन्हें बहुत आकर्षित करते थे, बाहर घूमने की इच्छा होती थी। किसी तरह वहाँ एक साल बीत गया। परीक्षा हुई, नतीजे आए तो अध्यापकों के आश्चर्य का ठिकाना नहीं रहा कि यह चुप्पा-घुन्ना बच्चा तो पढ़ाई में मन ही नहीं लगाता था, मगर क्लास में सबसे ज्यादा नम्बर इसे कैसे मिले ? शक हुआ कि जरूर परीक्षक ने इस (बड़े घर के) बच्चे के साथ पक्षपात किया है, इसलिए उनकी दोबारा परीक्षा ली गई। इस बार खुद स्कूल के परीक्षा—सुपरिंटेंडेंट सामने कुर्सी लगाकर बैठे, एकदम अपनी आँखों के सामने परीक्षा ली और इस बार भी वही हुआ, वह पूरी क्लास में पहले स्थान पर आए। परीक्षा में भी वह सबसे ज्यादा अंक लाए, मगर वहाँ उनके अन्दर का 'असभ्य जीव'— शिक्षा के औपचारिक बंधनों को अस्वीकार करनेवाला जीव-अधिक सक्रिय था। वह यांत्रिक आदतों और शिष्टाचार की हदों में बँध नहीं पाता था, जबकि स्कूली व्यवस्था का उद्देश्य था इस 'असभ्यता' में निरन्तर सुधार लाकर छात्र को 'सभ्य' बनाना, औपचारिक-निर्जीव शिक्षा के बन्धन में बाँधना।

रवींद्रनाथ के भीतर की 'असभ्यता' कुछ जल्दी ही जीत गई थी और वह मात्र तेरह साल की उम्र में स्कूली व्यवस्था से बाहर हो गए। वह कहते हैं कि इस स्थिति में मैंने अपने आप को अज्ञान के द्वीप पर अकेला और बेसहारा खड़ा पाया। बाद में उनके भाई हेमेंद्रनाथ ने उन्हें घर पर पढ़ाया, गंगा में तैरना सिखाया, पहाड़ियों पर चढ़ना सिखाया,

रवीन्द्रनाथ टैगोर के परिजन

तरह-तरह की कसरतें सिखाईं, जूडो की तैयारी करवाई, पहलवानी सिखाई। घर में तरह-तरह के शिक्षक आते थे—संगीत, विज्ञान, अँग्रेजी, बांग्ला आदि-आदि पढ़ाते थे। अँग्रेजी के उनके शिक्षक अघोर बाबू तो इतने कर्तव्यनिष्ठ थे कि भले सूरज-चन्द्र निकलना भूल जाएँ, वह आना नहीं भूलते थे। स्कूल से ज्यादा ठाकुर-परिवार के बच्चों को घर पर पढ़ना पढ़ता था। जब वह बड़े हो गए तब तक औपचारिक शिक्षा की ऊब उन पर इतनी हावी हो चुकी थी कि कोलकाता के प्रेसिडेंसी कॉलेज में भी वह ज्यादा दिन टिक नहीं पाये। इस बीच उनके हाथ में डेनियल डिफो का आत्मकथात्मक शैली में लिखा उपन्यास 'रॉबिंसन क्रूसो' का बाँग्ला अनुवाद जरूर आया—जिसे वह बच्चों के लिए लिखी गई सर्वोत्तम किताबों में से एक मानते हैं—उसे पढ़कर उन्हें खूब मजा आया और भी ढेरों किताबों से उन्हें प्रेम हुआ। इतना प्रेम हुआ कि उन्होंने उस समय बाँग्ला में जो भी किताबें उपलब्ध थीं, सब पढ़ डालीं, तब उनकी संख्या भी बहुत ज्यादा थी नहीं, ऐसा रवींद्रनाथ मानते हैं।

शिक्षा के आरम्भिक अनुभवों के कारण वह जीवनभर औपचारिक

शिक्षा के उस स्वरूप के विरोधी रहे। यहाँ तक कि 1913 में नोबेल पुरस्कार स्वीकार करते हुए भी रवींद्रनाथ ने सबसे पहले शिक्षा के प्रति अपना दृष्टिकोण को व्यक्त करना जरूरी समझा था और कहा था कि जब वह खुद बच्चे थे तो उन्हें स्कूल शिक्षा की मशीन के नीचे पिसना पड़ा था। यह शिक्षा बच्चों की खुशी और उनके संस्कारों का विनाश करती है, इसीलिए उन्होंने बच्चों को इस तरह की शिक्षा देने का प्रयास किया है कि बच्चे खुशी से जीवन जीना सीखें, प्रकृति से मेलजोल बढ़ाएँ। बहरहाल, रवींद्रनाथ ने एक तरह से जो भी जीवन में हासिल किया, वह औपचारिक स्कूली शिक्षा की बदौलत बहुत कम, उसके बाहर की शिक्षा और जीवन से प्राप्त किया। जो संवेदनशीलता और चिन्तनशीलता उन्होंने पाई, उसका सम्बन्ध उनके जीवन रूपी पाठशाला से अधिक था। यही वजह है कि उन्होंने शान्तिनिकेतन की स्थापना की, पहले स्कूल के रूप में, बाद में उसे विश्वविद्यालय के रूप का विस्तार देकर और बिल्कुल अलग ढंग से शिक्षा देने का प्रयत्न करके।

नोबेल पुरस्कार पाने के समय विदेशी विद्वानों के साथ

नौकरों का शासन

रवींद्रनाथ की माँ शारदा देवी थीं, उनका देहान्त जल्दी तभी हो गया था, जब वह अबोध बच्चे थे। ऐसी स्थिति में उनके तथा घर के दूसरे बच्चों का पालन-पोषण नौकरों के भरोसे हुआ। वही उनके अभिभावक बने। नौकरों ने अपने काम को आसान बनाने के लिए बच्चों का हिलना-डुलना तक एक तरह से बन्द कर रखा था। एक नौकर श्याम बालक रवि को एक जगह पर बैठा देता था और उसके चारों ओर खड़िया का घेरा बना देता था और अपनी तर्जनी उँगली से बता देता था कि यहाँ से तुम हिलना भी मत, इस घेरे से बाहर निकले कि तुम्हारी खैर नहीं। रवींद्रनाथ 'कृत्तिवास रामायण' घर में सुन चुके थे कि घेरा पार करने पर सीता की क्या गति हुई थी, इसलिए वह घेरे को पार करने की हिम्मत नहीं कर पाते थे। घर के बाहर जाने की तो पक्के तौर मनाही थी, लेकिन घर के अन्दर भी सब जगह आने-जाने की स्वतन्त्रता बच्चों को नहीं थी। इस कारण बचपन में उन्हें बाहर प्रकृति को भी छुप कर देखना पड़ा। बाहर जो

भी था, उससे उनकी दूरी बेहद अधिक थी। घर के नौकरों के हाथों बच्चों को थप्पड़-मुक्के भी खाने पड़ जाते थे और बच्चे रोने लगते तो उन्हें रोने भी नहीं दिया जाता था।

एक नौकर ईश्वर जब गाँव में रहता था तो पंडिताई किया करता था। अत: वह बहुत शुद्धतावादी था। वह जल-थल-आकाश से लेकर दुनिया की हर चीज से जैसे बचकर चलता था। उसे डर लगा रहता था कि कहीं कोई चीज उसे अचानक छू न जाए, वह 'अपवित्र' न हो जाए। ईश्वर बाँग्ला तक इतनी शुद्ध बोलता था कि बड़े-बूढ़े तक उसकी भाषा पर हँसा करते। वह अफीम खाने का शौकीन था, इसलिए उसे पौष्टिक और भरपेट भोजन की जरूरत पड़ती थी। जब बच्चों के लिए दूध आता तो वह चाहता था कि बच्चे न पीयें या कम से कम पीयें ताकि उसे ज्यादा से ज्यादा दूध पीने को मिल जाये। बालक रवि उसके मन की इस बात को जानते थे। वह इसलिए दूध पीने में दिलचस्पी नहीं दिखाते थे। एक बार मना करने पर वह

महात्मा गाँधी के साथ गुरुदेव

जवाहरलाल नेहरू और गुरुदेव

दोबारा बच्चों से झूठ-झूठ भी पूछता नहीं था। नाश्ते के समय वह बच्चों के सामने पूरियों का ढेर लगा देता और फिर काफी ऊँचाई से बच्चों की पत्तल पर दो पूरियाँ टपका देता। वह पूरी भी इस तरह टपकाता था कि जैसे अनिच्छा होने के बावजूद तपस्या के बल पर देवता को किसी मानव को वरदान देना पड़ रहा हो! दो पूरियाँ पत्तल पर रखने के बाद वह पूछता था कि क्या और पूरी लोगे तो रवींद्रनाथ कहते हैं कि मैं जानता था उसे सबसे अच्छा उत्तर यही लगेगा कि नहीं, मेरी इच्छा और खाने की नहीं है तो वह ऐसा ही किया करते। लेखक बनने के बाद नौकरों के इस बेरहम सलूक का कारण भी रवींद्रनाथ खोजते हैं, जो एक लेखक ही कर सकता है। वह कहते हैं कि चूँकि नौकरों पर ही हम बच्चों का पूरा भार आ पड़ा था और पूरा भार सहन करना तो अपनों के लिए भी असहनीय होता है, तो वे भी उसे खुशी-खुशी ढो नहीं सकते। ऐसी हालत में नौकर और क्या करते? बच्चे को अगर बच्चा ही बना रहने दिया जाए, उसे खेलने-दौड़ने-जिज्ञासा

मिटाने का मौका अगर दिया जाए तो बच्चा सहज-स्वाभाविक बना रहता है, किसी पर भार नहीं बनता। अगर घोड़े को जमीन पर चलने ही नहीं दिया जाए, उसे कंधे पर लाद-लादकर घूमा जाए तो लादनेवाले का मिजाज ठीक न रहना स्वाभाविक है, वह कदम-कदम पर घोड़े से बदला लेगा।

नौकरों का शासन तो था बच्चों पर, मगर रवींद्रनाथ कहते हैं कि कोई रोक कितनी भी सख्त क्यों न हो, फिर भी उसकी उपेक्षा या उसका अनादर करना अपने आप में एक जबरदस्त किस्म की आजादी होती है और उस आजादी के कारण हम बच्चों के मन खुले-खिले रहा करते थे। वैसे भी हमारा लालन-पालन इस तरह नहीं किया गया था कि खूब खिला-पिला कर, पहना-उढ़ाकर हमारे मन को चारों तरफ से कसकर बाँध दिया जाए। हमारा खान-पान, कपड़े-लत्ते सब साधारण होते थे। दस साल की उम्र से पहले हमें कभी मोजे पहनने को नहीं मिले। जाड़े के दिनों में कुर्ता-कमीज के ऊपर एक सफेद कोट हमारे लिए काफी समझा जाता था। उस समय हमें कितनी ही मामूली चीजें आसानी से हासिल नहीं हुई थीं। बालक रवि इसी उम्मीद में रहते थे कि बड़े होने पर ये सब चीजें हमें भी मिलेंगी। वह भविष्य के आने का इन्तजार किया करते थे। बाहर जाने की छूट न होने से बाहर नामक जगह रवि के लिए बहुत दूर की कौड़ी थी, लेकिन उसका रूप, रस, शब्द, गन्ध सब दरवाजों-जंगलों-खेतों के अनेक छेदों से होकर अचानक उन्हें छू जाया करता था। बाहर उनके लिए एक आजाद पक्षी था, मगर उससे मिलने का कोई उपाय नहीं था, इसलिए उससे लगाव भी बहुत ज्यादा महसूस होता था कि आखिर वह क्या है, कैसा है?

रवींद्रनाथ बताते हैं कि इस स्थिति में अन्तर तब आया, जब घर में बड़े भाइयों की बहुएँ आने लगीं और खाली वक्त के साथी के रूप में उनका सहारा मिलने लगा। जब घर के सब लोग खा-पी चुकते, औरतें थककर आराम करने चली जातीं, घर के अन्दरूनी हिस्से में जब कोई गतिविधि नहीं होती, तब वह किसी दोपहर छत पर पहुँचकर सुनसान खाली वक्त में चहारदीवारी के छेदों के पिजरे में कैद चिड़िया की तरह जंगल की चिड़ियों को देखते रहते, उनसे जान-पहचान किया करते। जैसे राजमहल के बाहर खड़ा होकर भिखारी राजा के खजाने के सन्दूकों में अद्‌भुत रत्न-मणियों के होने की कल्पना किया करता है, वैसे वह भी अनजान मकानों को कितने ही खेलों और कितनी ही आजादी का खजाना समझा करते थे। उनके पिताजी प्राय: बाहर के शहरों में जाया करते थे, वह घर पर अकसर नहीं होते थे। तीसरी मंजिल पर उनका कमरा लगभग बन्द रहा करता था। रवींद्रनाथ उस कमरे की खिड़की में हाथ डालकर दरवाजे की चिटकनी खोल लेते और वहाँ पड़े सोफे पर लेटे-लेटे दोपहरी बिताते। उस कमरे में भी नल का पानी आया करता था, वह फव्वारा खोल कर वहाँ बेवक्त नहाया करते। वह इसलिए नहीं नहाते थे कि उन्हें नहाने की तब इच्छा होती थी बल्कि उनकी चाहतों पर जो लगाम कसी होती थी, उसे ढीला करने के लिए ऐसा किया करते।

देवेंद्रनाथ अपने पिता द्वारकानाथ से काफी भिन्न थे। जब उनके पिता सम्पत्ति कमाने में लगे हुए थे, तब देवेंद्रनाथ यूरोपीय और भारतीय दर्शन का अध्ययन कर रहे थे। जब उनके पिता द्वारका नाथ की मृत्यु हुई, तब देवेंद्रनाथ ने अपने भाइयों गिरींद्रनाथ और नागेंद्रनाथ को उनका पूरा हिस्सा दिया और पिता जो कर्ज छोड़ गए थे, उसकी

शिष्यों के बीच

जिम्मेदारी पूरी तरह उन्होंने अपने ऊपर ली। रवींद्रनाथ ने भी अपने दादा का नहीं बल्कि अपने पिता के जीवन के आदर्श का पालन किया। उनके पिता बहुत बड़े घुमक्कड़ थे। इस कारण रवींद्रनाथ को अपने पिता को बहुत बचपन में ठीक से समझने का मौका नहीं मिला था। वह कभी-कभी जब बीच-बीच में घर आया करते थे। उनके आने का असर सब लोगों पर दिखता था। घर में जितने भी गुरुजन पढ़ाने आते थे, वे सब अंगरखा पहनकर आते, सहमे-दबे रहते, मुँह में पान होता तो उसे बाहर थूककर, फिर उनके सामने जाते। घर का हर व्यक्ति भी सावधान रहता था। रसोई में किसी चीज की कमी न हो, इसलिए खुद उनकी माँ रसोईघर में मौजूद रहकर इन्तजाम देखतीं। उनके घर का बूढ़ा चपरासी कीनू अपनी तमगेवाली पगड़ी और सफ़ेद अचकन पहने दरवाजे पर हाजिर रहा करता। बच्चों के शोरगुल से पिता की शान्ति भंग न हो, इसलिए उन्हें सावधान कर दिया जाता था। बच्चे घर में आहिस्ता-आहिस्ता बोलते, यहाँ तक कि पिता के कमरे में झाँकने तक की हिम्मत नहीं करते थे।

डाक टिकट में गुरुदेव

हिमालय यात्रा :

ऐसे अनुशासनप्रिय पिता ने एक दिन अपने कमरे की तीसरी मंजिल पर रवि को बुलाया। वह सहमते-सहमते पिता के पास पहुँचे तो उन्होंने पूछा-मैं हिमालय जा रहा हूँ, क्या तुम भी चलोगे? रवि ने हाँ कहा। यात्रा पर जाने का समय आया तो बड़ों के पैर छूकर वह पिताजी के साथ गाड़ी पर जा बैठे। उन्हें पिता के साथ यात्रा पर जाना था, इसलिए उनकी उम्र के हिसाब से पहली बार उनके लिए पोशाकें बनी थीं। कौन-सा कपड़ा किस रंग का हो, यह खुद उनके पिता ने तय किया था। उनके लिए जरीदार मखमल की गोल टोपी बनी थी। हाल ही में उनकी जनेऊ हो चुकी थी, इस कारण उनके सिर के बाल घुट हुए थे तो उन्हें घुटे हुए सिर पर टोपी पहनने का मन नहीं करता था, लेकिन पिताजी के सामने लाचार थे। वैसे रेल में जरा भी मौका मिलता तो रवि टोपी उतारने की कोशिश करते, मगर पिता की नजर को ज्यादा देर तक धोखा दे सकना सम्भव नहीं था। उन्हें फिर से

टोपी सिर पर रखनी पड़ती थी। अपने पिता के बारे में रवींद्रनाथ लिखते हैं कि वह जो करना चाहते थे, उसकी एक-एक बारीकी में जाते थे, हर चीज जैसे उनकी आँखों के सामने साफ होती थी कि कौन-सी चीज कहाँ रहेगी। कौन कहाँ बैठेगा, किस पर कौन से काम की किस हद तक जिम्मेदारी रहेगी, सब शुरू से आखिर तक तय होता था और वह कुछ भी उससे अलग हटकर नहीं होने देते थे।

हिमालय यात्रा के आरम्भ में कुछ दिन बोलपुर में रहना था। उनके बड़े भाई सत्येंद्रनाथ ने जाने से पहले उन्हें सावधान किया था कि बहुत होशियारी से रेलगाड़ी में चढ़ना, क्योंकि पैर फिसला नहीं कि गये, जिन्दगी बचना मुश्किल है। और जब गाड़ी चलना शुरू कर दें, तो अपने शरीर की पूरी ताकत लगाकर बैठना, क्योंकि रेल में ऐसे जबरदस्त झटके लगते हैं कि आदमी कहाँ से जाकर कहाँ गिर पड़ता है। इससे बालक रवि के मन में बहुत डर पैदा हो गया था, लेकिन गाड़ी पर इतनी आसानी से वह चढ़ गए कि शुरू में उन्हें लगा कि कहीं ऐसा तो नहीं है कि अभी गाड़ी पर चढ़ने का असली काम बाकी रह गया है ? उसके बाद जब गाड़ी भी बहुत आसानी से चलने लगी और जैसा उनके भाई ने बताया था, वैसा कुछ भी नहीं हुआ तो उन्हें सुकून मिला। उनके भाई सत्येंद्रनाथ कुछ दिन पहले माँ-पिता के साथ बोलपुर हो आए थे। उन्होंने बोलपुर के बारे में भी बड़ी मोहक कल्पनाएँ सुना रखी थीं कि वहाँ के मैदानों में चारों तरफ धान के खेत ही खेत दिखाई देते हैं, वहाँ चरवाहा लड़कों के साथ खेलना रोज की बात है वगैरह-वगैरह, लेकिन रवि को वहाँ ऐसा कुछ भी नहीं मिला, सब गप्पबाजी थी। बोलपुर में और आगे की यात्रा में भी उनके पिता ने उनके घूमने-फिरने पर किसी तरह की कोई रुकावट नहीं डाली थी। बोलपुर के मैदानों

प्रियदर्शिनी इन्दिरा और गुरुदेव

में घूमते हुए उन्होंने तमाम तरह के पत्थर इकट्ठा किये और लाकर पिता को दिखाए तो उन्होंने कहा—'अरे ये तो बड़े सुन्दर हैं। ये पत्थर कहाँ से मिले तुम्हें?' इस तरह उन्होंने अपने बेटे का हौसला बढ़ाया।

बोलपुर के बाद साहबगंज, दानापुर, इलाहाबाद, कानपुर होते हुए पिता-पुत्र अमृतसर पहुँचे। बीच के किसी बड़े स्टेशन पर गाड़ी रुकी तो टिकट चैकर ने आकर उन्होंने टिकट देखे। रवींद्रनाथ की तरफ देखकर उसे लगा कि इस लड़के की उम्र 12 साल से ज्यादा है और इसका आधा टिकट गलत लिया गया है, लेकिन उसकी कुछ कहने की हिम्मत नहीं हुई। फिर उसके साथ एक और आदमी आया, वह भी बाहर से झाँककर चला गया। अन्त में स्टेशन मास्टर ने आकर

कहा—'क्या इस लड़के की उम्र 12 साल से ज्यादा नहीं है?' उनके पिता ने कहा—'नहीं है' क्योंकि तब उनकी उम्र 11 साल थी तो भी स्टेशन मास्टर नहीं माना। उसने जोर देकर कहा कि इस लड़के का भी पूरा किराया देना होगा। यह सुनकर उनके पिता की आँखों से चिंगारियाँ फूटने लगीं। उन्होंने उसी वक्त बक्से में से रुपये निकाले और स्टेशन मास्टर को दे दिए। किराए की रकम काटकर बाकी रुपए उसने जब वापस किए तो चूँकि उनके पिता ने इस बात से खुद को बहुत अपमानित महसूस किया था कि किराया बचाने के लिए वह झूठ बोल रहे हैं तो उन्होंने बाकी मिले सिक्के खिड़की से बाहर फेंक दिये।

अमृतसर के स्वर्ण मन्दिर में उनके पिता रागियों के साथ बैठकर सबद कीर्तन करने लगे, उनके सुर में सुर मिलाने लगे। पंजाब से बाहर के किसी आदमी के मुँह से सबद सुनकर वहाँ के लोग बहुत प्रभावित हुए और उन्हें बहुत आदर-सम्मान दिया। स्वर्ण मन्दिर से लौटते वक्त मिसरी के टुकड़े और हलुआ मिलता था। एक बार एक रागी का गाना उनके पिता को मधुर लगा और उसे उन्होंने अपने डेरे पर सबद कीर्तन सुनने बुलाया। बाद में उसे उम्मीद से बहुत ज्यादा पैसे दिये। यह बात फैल गई तो जहाँ वह रुके थे वहाँ भजनीको की इतनी ज्यादा भीड़ लग गई कि उसे नियंत्रित करने के लिए बन्दोबस्त करना पड़ा!

अमृतसर में महीने भर तक दोनों रहे, उसके बाद डलहौजी रवाना हो गए। अमृतसर में रवींद्रनाथ के लिए पूरा महीना काटना भारी पड़ रहा था। हिमालय देखने की कल्पना उन्हें बेचैन करने लगी थी। बाप-बेटे सुबह-सुबह दूध-रोटी खाकर घूमने निकल जाते और दोपहर के बाद आकर डाक बँगले में आराम करते। घूमते हुए

बच्चों के साथ गुरुदेव

रवींद्रनाथ की आँखों को आराम नहीं मिलता था। मन में बराबर यह बात रहती थी कि कहीं कोई चीज देखने से छूट न जाए। इसी यात्रा के बीच उनके पिता ने उन्हें अपने साथ लाए छोटे से खजाने की पेटी सँभाल कर रखने का जिम्मा सौंप दिया। राह खर्च के लिए उसमें काफी धन रहता था। वह इसे अपने नौकर किशोर को देकर ज्यादा बेफिक्र हो सकते थे लेकिन उनका मकसद तो यात्रा के दौरान बेटे को जिम्मेदार बनाना था। शाम के समय उनके पिता अकसर बाहर कुर्सी डलवाकर बैठा जाते और पहाड़ के साफ-सुथरे आसमान में जब तारे दिखने लगे, तब वह अपने बेटे को ग्रह-नक्षत्रों की जानकारी देते। प्रात:काल पूजा के बाद उनके पिता बड़ा कटोरा दूध पीते थे और इन्हें भी पिलाते थे। बचपन में ही उनके नौकर ने दूध के प्रति इतनी लालसा दिखाई थी कि दूध पीने की उनकी आदत ही नहीं थी। पिता के दबाव के बावजूद नौकर बालक रवींद्रनाथ का ख्याल रखकर कटोरे के दूध में झाग ज्यादा भर देते थे।

सुबह 10 बजे के करीब जब बर्फ पिघलने लगती तो उसके ठंडे पानी से नहाना उनके पिता ने अनिवार्य कर दिया था। इस मुसीबत से उन्हें किसी भी तरह छुटकारा नहीं था। उनके हुक्म के खिलाफ जाकर बफीर्ले पानी में गरम पानी मिलाने की हिम्मत नौकर नहीं कर सकते थे। भोजन के बाद दोपहर को उनके पिता उन्हें पढ़ाने बैठते, लेकिन सबेरे बहुत जल्दी उठने के कारण उन्हें पढ़ाई के दौरान नींद के झोंके आने लगते। तब पिता उन्हें छुट्टी दे देते और छुट्टी मिलते ही रवि की नींद रफूचक्कर हो जाती!

उनके पिता उन्हें काफी छूट भी देते थे। किसी-किसी दिन दोपहर में लाठी हाथ में लेकर वह एक से दूसरे पहाड़ चले जाते तो उनके पिता रोकते-टोकते नहीं थे। रवींद्रनाथ कहते हैं कि मैंने उनकी जिन्दगी के अन्त तक देखा कि वह किसी भी हालत में आजादी में खलल नहीं डालते थे। पिता की रुचि और मर्जी के खिलाफ रवींद्रनाथ ने बहुत से काम किए, लेकिन उन्हें रोका नहीं गया। एक बार जवानी की शुरुआत में रवि ने उन्हें बताया कि वह बैलगाड़ी से ग्रांड ट्रंक रोड से पेशावर तक जाना चाहते हैं तो उनके पिता ने कहा कि यह तो बड़ी अच्छी बात है, जाओ। रेलगाड़ी की सवारी भी कोई सवारी है। फिर वह बताने लगे कि खुद उन्होंने कैसे-कैसे पैदल और घोड़ागाड़ी वगैरह से सफर किया था। उन्होंने इस बात का जिक्र तक नहीं किया कि यात्रा में कोई मुसीबत या तकलीफ भी आ सकती है। इसी तरह जब रवींद्रनाथ आदि ब्रह्म समाज के मंत्री बने, तब उन्होंने अपने पिता से कहा कि आदि ब्रह्म समाज की वेदी पर ब्राह्मणों के सिवाय दूसरी किसी जाति का आचार्य नहीं बैठता, यह बात ठीक नहीं है। देवेंद्रनाथ ने उसी वक्त अपने बेटे से कहा—'कि यह तो अच्छा विचार है, अगर

तुमसे बने तो तुम इस समस्या का हल अवश्य निकालो। रवींद्रनाथ बताते हैं कि उन्हें पिता की अनुमति तो मिल गई थी, मगर इस समस्या का हल निकालने की सामर्थ्य उनमें नहीं थी। 'मैं अधूरेपन को तो देख सकता हूँ, लेकिन पूर्णता का आविष्कार नहीं कर सकता।' रास्ते में उनके पिता के पास घर के किसी सदस्य का पत्र आता तो रवि को दिखाते कि तुम्हारे बड़े भाई सत्येंद्र की चिट्ठी है। जरा पढ़कर सुनाओ। इस तरह पिता ने चिट्ठी लिखने की कला उन्हें सिखाई। यात्रा से लौटने पर रवींद्रनाथ को पिता ने बहुत-सी छूटें दे दी थीं। इसमें सिर्फ टोपी न पहनना ही शामिल नहीं था। घर के अन्दर की रोक-टोक अपने आप जाती रही।

शान्तिनिकेतन का द्वार

बचपन में माँ का संग छूटना

रवींद्रनाथ की माँ शारदा देवी के बारे में जानकारी कम उपलब्ध हैं। जब उनकी मृत्यु हुई तब रवींद्रनाथ बहुत छोटे थे। उनकी माँ बहुत दिनों तक बीमार रहीं, लेकिन कब उनकी जिन्दगी का आखिरी वक्त आ पहुँचा, यह रवींद्रनाथ को समझ में नहीं आया। अब तक जिस कमरे में बच्चे सोते थे, वहीं उनकी माँ भी सोया करती थीं। बीमारी में कुछ दिनों के लिए उन्हें एक बोट में घुमाने ले जाया गया था। उसके बाद से वह हवेली की तीसरी मंजिल पर रहने लगी थीं। जब देर रात उनकी माँ का देहान्त हुआ, तब बच्चे सो रहे थे। देर रात किसी वक्त घर की एक पुरानी नौकरानी दौड़ी आई और बच्चों को देखकर रोने लगी कि इनका तो सबकुछ लुट गया। उसी वक्त उनकी भाभी कादंबरी देवी तेजी से कमरे में आईं और उसे डाँट-डपट कर कमरे से बाहर ले गईं। वह नहीं चाहती थीं कि इतनी रात गए बच्चों के मन

पर माँ के मरने की खबर से मन पर गहरी चोट पहुँचे। दीये की रोशनी मध्यम कर रवि पलभर के लिए जाग कर उठ बैठे। उनका दिल दहल–सा गया था, लेकिन ठीक–ठीक क्या हुआ है, यह उन्हें समझ में नहीं आया था। जब सुबह उन्हें माँ के न रहने की खबर मिली तो भी इसका ठीक–ठीक अर्थ क्या होता है, उनकी समझ में नहीं आया। बाहर बरामदे में माँ की देह खाट पर पड़ी थी, लेकिन मौत खौफ पैदा करे, ऐसा कुछ नहीं लगा उन्हें, माँ ऐसी लग रही थीं कि जैसे सुख की नींद में शान्त सोई हों। जब उनकी देह को घर के दरवाजे के बाहर ले जाया गया और सब लोग उनके पीछे–पीछे मुर्दाघाट तक गए, तब उनके मन में हाहाकार मचा। वह समझ चुके थे कि अब उनकी माँ वापिस नहीं आने वालीं। श्मशान से लौटने में दोपहर हो गई थी। गली के मोड़ पर आकर तीसरी मंजिल की तरफ झाँका तो पिता देवेंद्रनाथ पूजा कर रहे थे।

कविता लेखन की शुरूआत

रवीन्द्रनाथ के भांजे ज्योतिप्रसाद उनसे उम्र में काफी बड़े थे। उस समय रवींद्रनाथ की उम्र सात-आठ साल से ज्यादा नहीं रही होगी। ज्योतिप्रसाद अँग्रेजी साहित्य के प्रेमी थे और शेक्सपियर के नाटक 'हैमलेट' के स्वागत—कथन को अकसर दोहराया करते थे। पता नहीं क्या सोचकर उन्होंने बालक रवि से कहा कि रवि, तुम्हें कविता लिखनी होगी। इतना कहकर उन्होंने पयार छंद में 14 अक्षर जोड़ने का नियम उन्हें समझा दिया। अभी तक रवि ने कविता जैसी चीज़ को केवल किताबों में देखा-पढ़ा था। उसमें न कहीं काँट-छाँट होती थी, न सोच-विचार कर उलटफेर करने की गुंजाइश, मतलब कविता में इस धरती के आदमी की किसी कमजोरी का कोई चिह्न नहीं दिखता। ऐसी कविता कोई कोशिश करके लिख सकता है, इस बात की कल्पना तक उन्हें नहीं थी। शब्दों की जोड़तोड़ कर जब उन्होंने लिखा और वह पयार छन्द हो उठा तो पद्य रचना की महिमा के बारे में उनके मन में अभी तक जो आतंक छाया था, वह मिट गया। किसी कर्मचारी की कृपापूर्वक उन्हें नीले कागज की एक कॉपी दे दी और उस पर उन्होंने पेंसिल से छोटी-बड़ी लकीरें खींच-खींच कर बड़े-बड़े कच्चे अक्षरों में कविता लिखने की शुरुआत की। हिरण के बच्चे नए सींग निकलने पर जैसे यहाँ-वहाँ सींग मारते फिरते हैं, कुछ वैसा हाल रवींद्रनाथ का भी था।

उनके बड़े भाई सोमेंद्रनाथ उनके कविता लिखने से बहुत प्रसन्न थे और वह सुनने वालों को जुटाते रहते थे। उन्होंने तो धरती ही सिर पर उठा रखी थी। एक दिन 'नेशनल पेपर' के सम्पादक नवगोपाल

सुजनों, परिजनों के साथ गुरुदेव

मित्र उनके घर आए। तत्काल उनके बड़े भाई ने उन्हें रोककर कहा कि नवगोपाल बाबू पहले रवि की कविता सुनिए। रवींद्रनाथ तो बहुत उत्साह में थे ही। उन्होंने झटपट ड्योढ़ी के सामने खड़े-खड़े ही बड़े ऊँचे स्वरों में नवगोपाल बाबू को कविता सुना दी। जरा हँसते हुए नवगोपाल बाबू ने कहा—'ठीक है पर यह तो बताओ कि तुमने इसमें जिस द्विरेफ शब्द का इस्तेमाल किया है, उसका अर्थ क्या होता है?' रवींद्रनाथ को याद नहीं था कि यह कठिन शब्द उन्होंने कहाँ से ढूँढ निकाला था, मगर इसी एक शब्द पर तो रवींद्रनाथ की वह कविता सबसे ज्यादा टिकी हुई थी, उसी पर सवाल? इससे पहले उनके कई श्रोताओं ने उन्हें इस शब्द पर दाद दी थी। रवींद्रनाथ ने निष्कर्ष निकाला कि ये जो गोपाल बाबू हैं, इन्हें कविता समझ में नहीं आती। इसके बाद रवींद्रनाथ ने अपनी कोई कविता उन्हें नहीं सुनाई। अपनी उस समय की कविता की समझ पर व्यंग्य कसते हुए रवींद्रनाथ

लिखते हैं कि कौन समझदार है और कौन नहीं, इसको परखने के मेरे तरीके में आज भी कोई खास तब्दीली नहीं आई है। भले ही नवगोपाल बाबू उस शब्द पर हँसे हों लेकिन मधु पीकर वह शब्द मस्त भंवरे की तरह अपनी जगह पर स्थिर रहा, न हिला-डुला, न गायब हुआ!

नीले कागज की उनकी कॉपी टेढ़ी-सीधी रेखाओं और मोटे-पतले अक्षरों से भरती चली गई, लेकिन उसके बाद वह कब, कहाँ, कैसे गायब हो गई, इसका पता उन्हें नहीं चला। इस पर भी रवींद्रनाथ अपने पर व्यंग्य कसते हैं—'अच्छा हुआ, वह बेचारी प्रिंटिंग मशीन के पेट में जाने की पीड़ा से छुटकारा पा गई।' स्कूल के दिनों में एक शिक्षक सातकौड़ी दत्त वैसे रवींद्रनाथ की कक्षा में पढ़ाते तो नहीं थे, लेकिन उन्होंने एक दिन बुलाकर पूछा कि सुना है, तुम कविताएँ लिखते हो ? उत्साहित होकर रवींद्रनाथ ने इस बात को छिपाया नहीं। इसके बाद वह बीच-बीच में कविता की दो पंक्तियाँ देकर उन्हें पूरा करके लाने के लिए रवींद्रनाथ से कहने लगे। उसी स्कूल में गोविन्द बाबू स्कूल सुपरिंटेंडेंट हुआ करते थे। बच्चे उनकी गंभीर मुखमुद्रा से डरते थे। एक दिन छुट्टी में उन्होंने अपने ऑफिस में रवींद्रनाथ को बुलाया। उन्होंने भी वही सवाल पूछा सुना है—'तुम कविता लिखते हो ?' रवींद्रनाथ को संकोच तो था ही नहीं। रवींद्रनाथ से उन्होंने कविता लिखकर लाने को कहा। वह कविता गोविन्द बाबू को सुनाई गई तो वह खुश होकर रवींद्रनाथ को बड़ी कक्षा में ले गए और वहाँ जाकर कहा—'इन्हें सुनाओ तो।' रवींद्रनाथ ने बेहिचक ऊँची आवाज में वह कविता पढ़ दी। उस कविता के श्रोताओं पर उसका कोई असर नहीं दिखा। ज्यादातर छात्र कानाफूसी कर रहे थे, उनकी कविता नहीं सुन रहे थे। इसके बाद एक ने कहा कि वह बता सकता है कि यह

कविता इसने कहाँ से चोरी की है और वह मूल कविता लाकर दिखा सकता है। किसी ने उस लड़के से मूल कविता लाकर दिखाने को नहीं कहा, क्योंकि उन्हें विश्वास था कि यह इसकी कविता इस लड़के की नहीं है, इसने कहीं से नकल मारी है। इसके बाद तो कवि होने का दावा करने वालों की संख्या यकायक उस कक्षा में बढ़ गई।

रवींद्रनाथ जब पिता के साथ हिमालय की यात्रा पर निकले थे तो बोलपुर में उनके पास उस फटी पुरानी नीली कॉपी की जगह तारीखों वाली नई डायरी आ चुकी थी। उसमें वह कविताएँ लिखा करते थे। बोलपुर में उन्हें बगीचे में एक छोटे से नारियल के पेड़ के नीचे जमीन पर पैर फैलाकर घास और कंकड़ की उस सेज पर बैठकर 'पृथ्वीराज की पराजय' नामक एक वीररस युक्त कविता लिखी थी। वह कहते हैं कि वीर रस से भरपूर होने पर भी वह कविता भी विनाश से बच नहीं सकी। वह भी नीली कॉपी की तरह कहाँ खो गई, इसका पता नहीं चला।

रवींद्रनाथ को एक बुजुर्ग श्रीकंठ सिंह के रूप में एक अच्छे श्रोता मिले थे। वह सज्जन व्यक्ति थे और रवींद्रनाथ के पिता के दोस्तों में थे। उनके बड़े भाइयों के भी मित्र हो गए थे और रवींद्रनाथ से भी वह मित्रवत व्यवहार किया करते थे। रवि ने उस समय के रीति-नीति के अनुसार ईश्वर की दो प्रार्थनाएँ लिखी थीं। उसमें संसार के दुख-तकलीफों का वर्णन था। श्रीकंठ बाबू ने सोचा था कि ऐसी आध्यात्मिक कविता तो रवींद्रनाथ के पिता देवेंद्रनाथ को भी सुनाई जानी चाहिए। वह अपने बेटे के इस कमाल से जरूर खुश होंगे। जब श्रीकंठ बाबू ने बड़े जोशखरोश के साथ इसे सुनाया तो सौभाग्य यह था कि रवि खुद वहाँ मौजूद नहीं थे। बाद में रवींद्रनाथ को इसके बारे में मालूम

हुआ कि अपने छोटे पुत्र को इतनी जल्दी संसार से विरक्त होकर पयार छंद में ऐसी कविता लिखते देखकर वह जी खोलकर हँसे थे। विषय की गंभीरता ने उन्हें जरा भी प्रभावित नहीं किया था।

इसके बाद कभी एक बार उनके पिता ने उनके बड़े भाई ज्योतिंद्रनाथ और उन्हें भी अपने कमरे में बुलाया। ज्योतिंद्रनाथ को उन्होंने हारमोनियम पर बैठाया और रवींद्रनाथ से अपने नये गीत सुनाने के लिए कहा। कोई गीत उन्हें अच्छा लगा तो उसे दोबारा गाकर सुनाने को भी कहा। जब सुन चुके तब पिता ने कहा—'देश के राजा तो हमारी भाषा न जानते हैं और न साहित्य की कद्र समझते हैं वरना वह तुम्हें जरूर पुरस्कार देते। राजा से उम्मीद नहीं है तो मैं ही यह कर देता हूँ।' इतना कहकर उन्होंने जेब से सौ रुपए का नोट निकालकर रवींद्रनाथ को दिया। तब यह राशि बहुत बड़ी होती थी।

रवींद्रनाथ केवल लिखते नहीं थे, पढ़ते भी खूब थे। बचपन में उपलब्ध सभी बाँग्ला किताबें उन्होंने पढ़ डाली थीं। वह कहते हैं कि तब बच्चों और बड़ों की किताबों में खास फर्क नहीं होता था, लेकिन ऐसा होने से उनका कोई नुकसान भी नहीं हुआ। पढ़ने का उन पर ऐसा जुनून था कि एक हास्य रचना की पुस्तक उन्हें दिखी। तब उस तरह की रचना पढ़ने की उनकी उम्र तो नहीं थी मगर वह पढ़ना चाहते थे। उनकी दूर की एक रिश्तेदार तब वह किताब पढ़ रही थीं। रवींद्रनाथ ने बहुत मनाया कि इसे उन्हें भी पढ़ने दें, लेकिन वह नहीं मानीं। उल्टे वह किताब ताले में बंद करके रखने लगीं। मनाही के कारण इसे पढ़ने की उनकी इच्छा और ज्यादा बढ़ गई। उन्होंने रिश्तेदारिन को चेतावनी दी कि इस किताब को तो मैं अब पढ़कर ही रहूँगा। फिर एक दोपहर वह जब ग्राबू खेलने में मस्त थीं, तब

लेखन में व्यस्त गुरुदेव

उनके आँचल में बँधा चाबी का गुच्छा उनकी पीठ पर लटक रहा था, तो रवींद्रनाथ ने होशियारी से चुपचाप उसे खोलने की कोशिश की। पहली बार उन्हें असफलता मिली। फिर उन्होंने रिश्तेदारिन के सामने पान-तंबाकू का डिब्बा लाकर रख दिया। वह पीक थूकने के लिए उठीं तो वह अधखुला गुच्छा रवींद्रनाथ ने नीचे गिर गया। उस गुच्छे को लेकर किताब हासिल की, तब जाकर रवींद्रनाथ को चैन मिला। इसके बाद ऊपरी तौर पर जरूर वह डाँट-फटकार रही थीं, मगर वह मन-ही-मन हँस भी रही थीं और रवींद्रनाथ की हालत भी

यही थी!

रवींद्रनाथ ने बचपन में 'अबोध बंधु' पत्रिका में पहली बार बिहारीलाल चक्रवर्ती नामक एक कवि की कविता पढ़ी और उसने असर किया। उनकी तरह का कवि बनने की इच्छा रवींद्रनाथ में पैदा हुई। तब उनके काव्य-आकाश के धूमकेतु बिहारीलाल चक्रवर्ती होते थे। इसी दौर में बंकिमचंद्र का 'बंग दर्शन' मासिक लोकप्रिय था। बड़े उसे पढ़ लेते, तब वह रवि के हाथ लगता, जिसका उन्हें बेसब्री से इंतजार रहा करता था। 'प्राचीन काव्य संग्रह' तथा विद्यापति की कविताएँ भी उन्हें अपनी ओर खींचती थीं। दरअसल बचपन से ही अपने परिवार के बीच वह साहित्य पढ़ते-लिखते बड़े हुए थे। कभी उनके भाई तो कभी उनके चचेरे भाई किसी नाटक की रिहर्सल करते-करवाते, कभी उनके बड़े भाई बरामदे में सामने डेस्क रखकर काव्य रचना किया करते और साथ-साथ किसी को सुनाते भी रहते, कभी उनकी किसी रचना के बेकार पन्ने इधर-उधर बिखरे पड़े होते। घर में कोई सुर या बेसुरेपन में गीत किसी को सुना रहा होता। इस तरह बचपन से ही वह गीत पर चर्चा करते हुए बड़े हुए। आरम्भ से ही परिवार के और बाहर के धैर्यवान श्रोता उन्हें मिले, प्रोत्साहन देनेवाले आगन्तुक मिले। इस सबने मिलकर उनकी प्रतिभा को निखारा, बहुत सहजता से गीत रचना करना उनकी आदत बनता गया।

पहली प्रकाशित रचना

पहली बार उनकी रचनाएं 'ज्ञानांकुर' नामक एक मासिक में छपीं। उन्होंने पद्य के नाम पर जो कुछ उस समय लिखा था, सब उस पत्रिका ने छापा। कविताओं के अलावा उन्होंने पुस्तकों की आलोचनाएँ भी उसमें लिखीं–बड़ी विद्वत्तापूर्ण मुद्रा में। इसी दौरान एक दिन जब आकाश में बादल छाये थे, उन्होंने वैष्णव पदावलियों के प्रभाव में कविता लिखी और मजेदार शरारत करने के अन्दाज में एक ऐसे सज्जन को सुनाई, जिन्हें कविता नाम चिड़िया का कोई खास अता-पता नहीं था। उन्हें बताया कि यह कविता भानुसिंह नामक एक प्राचीन कवि की उन्हें मिली है, तो वह केवल यह बात मान ही नहीं गए, बल्कि उन्होंने कहा कि वाह ऐसी कविता तो प्राचीन युग के बड़े-बड़े कवियों ने भी नहीं लिखी है। इसे मैं 'प्राचीन कविता संग्रह' में प्रकाशन के लिए दूँगा। जब रवींद्रनाथ ने आखिर में उन्हें बताया कि यह उनकी ही लिखी हुई है तो उन्होंने निःश्वास भरते हुए कहा कि ठीक ही है।

1877 के दिल्ली दरबार के समय इस 14-15 साल के कवि ने अपने हिसाब से अँग्रेजों को खूब भड़कानेवाली कविता लिखी मगर उसके लिखने से पत्ता तक नहीं खड़का, कार्यवाही होने की बात तो दूर है।

जब वह सोलह साल के हुए तो उनके बड़े भाई ज्योतिंद्रनाथ ने 'भारती' नामक पत्रिका का प्रकाशन आरम्भ किया और अपने किशोरवय के कवि भाई को भी उन्होंने सम्पादक मंडल में स्थान दिया। पत्रिका के प्रकाशन के पहले ही साल में रवींद्रनाथ ने उसमें

‘कवि–कहानी’ नामक अपना काव्य छपवा दिया। बाद में इसे किताब के रूप में उनके एक मित्र ने छापकर भिजवा भी दिया। तब वह मझले भाई के पास अहमदाबाद में थे। रवींद्रनाथ उस समय तो इससे जरूर प्रसन्न हुए होंगे, लेकिन बाद में उन्हें लगा कि उस उम्र की रचनाएँ छापने के लायक नहीं होतीं। नतीजा यह हुआ कि यह किताब बिकी नहीं और दुकानों में लम्बे वक्त तक बोझ बनकर चुपचाप पड़ी रही। बाद में जून 1881 में ‘भग्न ह्रदय’ नाम से उनकी पुस्तक छपी, जिसका अच्छा स्वागत हुआ। यह रचना उन्होंने केवल 18 साल की उम्र में लिखी थी। माना जाता है कि इंग्लैंड जाने से पहले अहमदाबाद में वह एक मराठी लड़की अन्ना तरखर को पसन्द करने लगे थे, सम्भवत: उसी की याद में यह कविता लिखी गई है। उन्होंने लिखा भी बाद में कि मैं उस लड़की को भुला नहीं पाया हूँ। इसे लिखने की शुरुआत विलायत में रहते समय हुई, लेकिन शेष काम उन्होंने हिन्दुस्तान आकर पूरा किया। इसके बाद तो रवींद्रनाथ का लिखने का सिलसिला शुरू हो गया। कम उम्र में ही ‘संध्या संगीत’ नाम से उनकी काव्य रचना भी सामने आई, जिसे वह इसलिए महत्वपूर्ण मानते हैं कि भले ही उनकी इन कविताओं में काफी कच्चापन है, भाषा और भाव उसमें ठीक से साकार होकर नहीं आये हैं, फिर भी उसके लिखने से उन्हें खुशी जरूर मिली। उन्होंने इसे स्लेट पर लिखते हुए उसी तरह लिखा है और वही लिखा है, जैसा कि वह लिखना चाहते थे, वैसे नहीं लिखा, जिसकी दूसरे लोग प्रशंसा किया करते हैं और उनकी माँग पर फिर वैसा ही लिखा जाने लगता है।

वह जब हिमालय से लौटे तब उनके मंझले भाई सत्येंद्रनाथ अहमदाबाद में सेशन जज थे। उन्होंने अपने इस भाई को बैरिस्टरी पढ़ाने के लिए अपने साथ इंग्लैंड ले चलने का प्रस्ताव किया। इंग्लैंड जाने से पहले वह करीब छह माह तक भाई के साथ अहमदाबाद और मुंबई रहे। सत्येंद्रनाथ सेशन जज के नाते शाहीबाग इलाके में किसी पुराने बादशाह के महल में रहते थे, जो साबरमती के किनारे बना था। उनके भाई जब अदालत चले जाते तो यह पूरा घर उनके कब्जे में होता। यहाँ इतना सन्नाटा था कि कबूतर की गुटरगूँ के अलावा आसपास कुछ सुनाई नहीं देता था। वहाँ उन्होंने इस अकेलेपन के बीच कई किताबें पढ़ीं। उनकी अँग्रेजी तब बहुत कमजोर थी, इसलिए वह डिक्शनरी बार-बार देखकर किताबें पढ़ा करते। उन्हें कुछ समझ में आता था, और कुछ तो समझ में नहीं भी आता था, लेकिन रवींद्रनाथ को तो बचपन से इसी तरह पढ़ने का अभ्यास था तो कोई समस्या नहीं हुई!

अन्ततः 1878 में वह अपने भाई- भाभी और उनके बच्चों के साथ इंग्लैंड गए। वहाँ उन्होंने इंग्लैंड के जीवन तथा समाज से परिचय प्राप्त किया। वहाँ के सबसे सुखद अनुभवों में लन्दन में रहने के दौरान डॉक्टर स्कॉट के परिवार के साथ रहना था, जहाँ उनकी पत्नी और दोनों बेटियों ने युवा रवींद्रनाथ को बहुत प्यार और आदर दिया। उनका अपने ही बेटे की तरह श्रीमती स्कॉट ने पूरा-पूरा ख्याल रखा। उनकी बेटियाँ भी रवींद्रनाथ से इतने सच्चे मन से बातें करती थीं कि रवींद्रनाथ कहते हैं कि ऐसे तो अपना कोई भी क्या करेगा! यहाँ उन्हें अहसास हुआ कि सिर्फ भारत में ही नहीं विदेशों में भी ऐसे स्त्री-पुरुष मिलते हैं जो अपने परिवार का हर तरह से ख्याल रखते हैं। उस

गुरुदेव के संगी-साथी

परिवार से वह इस तरह घुलमिल गए थे कि करीब डेढ़ वर्ष के बाद जब वह भाई के साथ इंग्लैंड से वापिस लौटने लगे तो श्रीमती स्कॉट ने उनसे रोते-रोते कहा—'तुम्हें अगर इस तरह ;जल्दी चले जाना था तो इतने कम समय के लिए यहाँ आये ही क्यों थे ?'

वैसे इस परिवार से तो उनका परिचय बाद में हुआ था, पहले तो वह अपने भाई-भाभी के साथ ब्राइटन में रहे थे और वहाँ के एक पब्लिक स्कूल में पढ़ने लगे थे। ब्राइटन में उनका भाई के परिवार के साथ अच्छा समय बीत रहा था। उनके भाई-भाभी के बच्चे उनका चित्र-विचित्र अँग्रेजी उच्चारण सुनकर मुस्कुराया करते थे, इसका आनन्द लेते थे। उन्हें भी यह बुरा नहीं लगता था। ब्राइटन के जिस पब्लिक स्कूल में वह थे, वहाँ के छात्रों का उनके प्रति व्यवहार भी उन्हें अच्छा लगा। सम्भवतः विदेशी होने के नाते बहुत बार वहाँ के छात्र उनकी जेब में सन्तरा वगैरह ठूँस कर भाग जाया करते थे।

बाद में एक पारिवारिक मित्र तारकनाथ पालित ने उनके भाई से कहा कि यहाँ तो इसकी ठीक से पढ़ाई नहीं हो पाएगी तो वह भाई से पूछकर रवींद्रनाथ को लन्दन ले आए। उस समय कड़ाके की ठंड का मौसम था। यहाँ पहली बार उन्होंने बर्फ देखी। ठंड में प्रकृति का वह स्वरूप उन्होंने देखा, जो उनके लिए अभी तक सपना था। ठंड के उन विकट दिनों में घर से बाहर निकलने का सवाल इसलिए भी पैदा नहीं होता था कि आसपास उनका कोई परिचित भी नहीं रहता था और गली-मोहल्लों की उन्हें पहचान नहीं थी। भटक जाने का डर था। घर में बैठ-बैठे वह बाहर देखते रहते। संयोग से उस घर में एक हारमोनियम हुआ करता था, जिसे वह अँधेरा होने पर बजाकर अपनी बोरियत मिटाते। कभी-कभी कोई भारतीय उनसे मिलने आ जाता और जब वह जाने लगता तो उनकी इच्छा होती कि उसका हाथ पकड़कर उसे रोक लें। उस घर में रवींद्रनाथ को लैटिन भाषा पढ़ाने के लिए एक दुबले-पतले, फटेहाल सज्जन नियुक्त किये गये थे। वह गरीबी के कारण जल्दी बूढ़े लगने लगे थे, इसलिए उनकी सही उम्र का अन्दाजा लगाना कठिन था। उनके अपने परिवार के लोग ही उन्हें पागल मानते थे। वह विभिन्न देशों के मानव समाज के बारे में अपने ढंग से कुछ कार्य कर रहे थे। रवींद्रनाथ जल्दी ही यह समझ गए कि इन भूखे-पीड़ित महाशय से लैटिन सीखना असंभव है, लेकिन उन्हें बीच में विदा करने का भी मन नहीं होता था। अन्ततः जब उन्हें विदा किया गया तो रवींद्रनाथ ने उन्हें उस काल का वेतन देना चाहा तो उस गरीब अँग्रेज ने कहा कि नहीं, मैं कोई वेतन नहीं लूँगा, क्योंकि मैंने यहाँ आकर तुम्हें पढ़ाया कहाँ है, तुम्हारा वक्त ही बर्बाद किया है। बड़ी मुश्किल से मनाने पर वह वेतन लेने के लिए तैयार हुए।

ब्रिटेन में रहते हुए उन्होंने आयरिश, इंग्लिश और स्कॉटिश लोकगीत-संगीत से परिचय प्राप्त किया। वहाँ के संगीत ने उन्हें प्रभावित किया। एक बार ब्राइटन में उन्होंने किसी प्रसिद्ध गायिका को सुना तो आवाज की अद्‌भुत ताकत ने उन्हें पहली बार बहुत प्रभावित किया, हालाँकि बीच-बीच में चिड़िया की चीं-चीं जैसी कुछ आवाज भी की जो बेतुक लगती थी। यह उन्हें पसन्द नहीं आया। वहाँ पुरुष गायकों को सुनना भी उन्हें अच्छा लगा। वापस भारत आकर उन्होंने विलायती गाने अपने लोगों के बीच गाए। सभी ने कहा कि रवि का गला अब किस तरह बदल गया है। अजीब-सा विदेशी किस्म का और, मजेदार-सा हो गया है। यह टिप्पणी भी हुई कि इसके बात करने का ढंग भी अब बदल गया है। उनके नाटक 'वाल्मीकि प्रतिभा' में देशी-विदेशी सुरों का एक तरह से संगम हुआ है। लन्दन में वह कुछ ही समय पढ़ पाए। वहाँ उनका बैरिस्टरी का अध्ययन पूरा नहीं हो सका। तभी उनके पिता ने अपने मंझले बेटे से कहा कि तुम आ रहे हो तो अपने साथ रवि को भी लेते आओ। वह स्वयं भी इस निर्णय से प्रसन्न हुए। वैसे सब उनसे निराश जरूर होने लगे थे कि इस रवि का तो कुछ हो नहीं सकता। क्या करेगा यह जिंदगी में?

रवींद्रनाथ का विवाह 9 दिसंबर, 1883 में मृणालिनी देवी से हुआ था, तब वह केवल दस वर्ष की थीं और रवींद्रनाथ 23 वर्ष के! मृणालिनी देवी ठाकुर परिवार के एक छोटे पदाधिकारी की बेटी थीं। उन दोनों के कुल पाँच बच्चे हुए-दो बेटे—रथींद्रनाथ और जतींद्रनाथ तथा तीन बेटियाँ—मीरा, माधुरीलता और रेणुका। मृणालिनी बीमारियों के चलते विवाह के 19 साल बाद चल बसीं- 1902 में।

कुछ वर्षों बाद बेटी रेणुका भी नहीं रहीं। उनके पिता देवेंद्रनाथ का 1905 में देहावसान हो गया और इसके दो साल बाद ही उनके बेटे समींद्रनाथ भी चल बसे। इतने आघातों को एक के बाद एक झेलने के बावजूद वह स्थिर रहे, सृजनकर्म में लगे रहे।

18 90 से उन्होंने सियालदह में अपने पारिवारिक जमींदारी की देखरेख करना शुरू किया। 1898 में उनकी पत्नी और बच्चे भी वहीं बसे। रवींद्रनाथ अपनी जमीदारी में बसनेवाले किसानों से नाममात्र का लगान वसूल करते थे और उनके घर जाकर उनके यहाँ बना साधारण खाना खाते थे, जिसमे अकसर चावल होते थे और छाछ। इन किसानों की पीड़ा को उन्होंने अपनी रचनाओं में रेखांकित किया है। यहीं उनका परिचय बाउल गायक ललन शाह से हुआ और उनके गीतों के वह इतने मुरीद हुए कि उन्हें लोकप्रिय बनाने का भार उन्होंने अपने कंधों पर उठा लिया। रवींद्रनाथ के लिए यह दौर रचनात्मक दृष्टि से सुखकर रहा। इस दौरान उन्होंने बहुत सी कहानियाँ लिखीं। उनके तीन कहानी संग्रहों की लगभग आधी कहानियाँ यहीं लिखी गई थीं।

1901 में वह सपरिवार शान्तिनिकेतन आ गए, वहाँ पहले उन्होंने आश्रम बनाया, बच्चों का स्कूल खोला। शुरू में इसमे पाँच गेरूआ वस्त्रधारी बच्चे भर्ती किये गये, लड़की एक भी नहीं। बाद में तो लड़कियों का ही बाहुल्य हो गया। वहाँ एक संगमरमर का एक प्रार्थनाघर भी उन्होंने बनवाया। प्रायोगिक स्कूल खोला। 24 दिसंबर, 1918 को विश्वभारती की स्थापना की गई। उन्होंने विश्वभारती का उद्देश्य ज्ञान का सृजन अर्थात शोध और अध्ययन बताया था। 1921 में इसे राष्ट्र को समर्पित किया गया। उन्होंने ग्रामीण पुनर्निर्माण के

लिए श्रीनिकेतन का आरम्भ भी किया। विश्वभारती के लिए देश-विदेश में जगह-जगह जाकर झोली फैलाकर उन्होंने धन इकट्ठा किया। 1940 में रवींद्रनाथ ने महात्मा गाँधी को विश्व भारती की आर्थिक सहायता के लिए लिखा। उनसे कहा कि विश्वभारती वह नौका है, जिस पर उनकी सारी पूँजी लदी हुई है। वैसे गाँधीजी विश्वभारती की कठिनाइयों के बारे में जानने के लिए स्वयं रवींद्रनाथ के पास एक बार गए थे और उनके पास एक अनाम व्यक्ति का चैक भी भिजवाया था।

पिता की मृत्यु के बाद उन्हें विरासत के रूप में कुछ मासिक धन मिलने लगा था, त्रिपुरा के महाराज से कुछ आय होती थी, परिवार के गहने बेचकर भी उन्होंने धन हासिल किया था। इसके अलावा उन्हें करीब 2000 रुपये रॉयल्टी के रूप में मिलते थे। यही सब उनके आर्थिक साधन थे। उन्होंने विश्व भारती के लिए बेहतर से बेहतर आर्थिक और बौद्धिक साधन जुटाये। उन्होंने 'कला भवन' स्थापित किया तो नन्दलाल बोस, रामकिंकर बैज और विनय बिहारी मुखर्जी जैसे अप्रतिम कलाकार वहाँ बुलाये और 'हिन्दी भवन' बनाया तो उसमें हजारी प्रसाद द्विवेदी जैसे विद्वान को आमन्त्रित किया। बलराज साहनी को भी वहाँ हिन्दी शिक्षक के रूप में स्थान दिया। क्षितिमोहन सेन जैसे अनेक विद्वान भी विश्व भारती के हिस्से थे। बाँग्ला की प्रसिद्ध लेखिका महाश्वेता देवी और हिन्दी की लोकप्रिय लेखिका शिवानी वहीं पढ़ी थीं।

1913 में नोबेल पुरस्कार के बाद उनकी ख्याति देश-विदेश में फैलने लगी थी। यह पुरस्कार उन्हें उनकी प्रसिद्धतम कृति 'गीतांजलि' के गीतों के खुद के द्वारा अँग्रेजी में किये गये अनुवाद के आधार पर

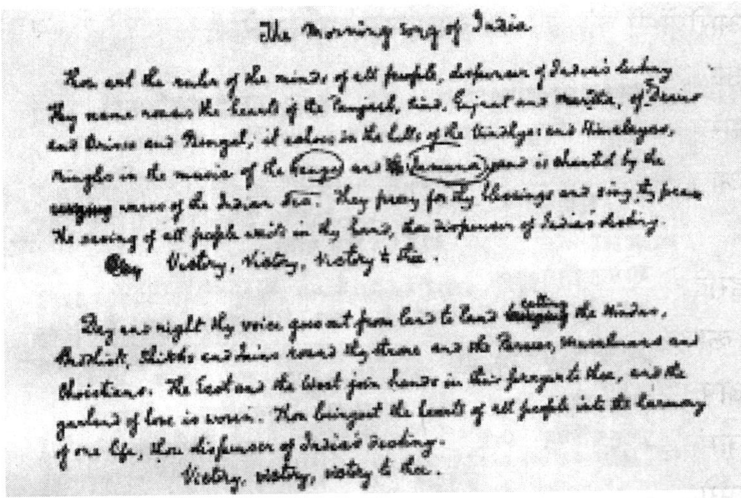

The Morning Song of India

Thou art the ruler of the minds of all people, dispenser of India's destiny.
Thy name rouses the hearts of the Punjab, Sind, Gujrat and Maratha, of Dravid
and Orissa and Bengal; it echoes in the hills of the Vindhyas and Himalayas,
mingles in the music of the Ganges and the Jamuna and is chanted by the
surging waves of the Indian Sea. They pray for thy blessings and sing thy praise.
The saving of all people waits in thy hand, thou dispenser of India's destiny.
Victory, victory, victory to thee.

Day and night thy voice goes out from land to land calling the Hindus,
Buddhists, Sikhs and Jains round thy throne and the Parsees, Mussalmans and
Christians. The East and the West join hands in their prayer to thee, and the
garland of love is woven. Thou bringest the hearts of all peoples into the harmony
of one life, thou dispenser of India's destiny.
Victory, victory, victory to thee.

गुरुदेव की हस्तलिपि

मिला था। इसके दो वर्ष बाद 1915 में किंग जॉर्ज पंचम ने अपने जन्मदिन पर रवींद्रनाथ को 'नाइटहुड' की उपाधि से नवाजना जरूरी समझा, लेकिन 1919 में जब जलियाँवाला बाग का कुख्यात हत्याकांड हुआ तो उन्होंने यह उपाधि लौटा दी। वैसे उनका परिवार और वह स्वयं भी बहुत पहले से स्वत:स्फूर्त ढंग से राष्ट्रवादी आंदोलन के साथ थे। 1896 में रवींद्रनाथ ने कोलकाता में आयोजित काँग्रेस अधिवेशन में वंदे मातरम् गीत गाकर देश की आजादी का एक तरह से सिंहनाद किया था, हालाँकि तब तक काँग्रेस ने अँग्रेजों के विरुद्ध सीधी कार्यवाही का ऐलान नहीं किया था, पूर्ण आजादी का आह्वान नहीं किया था। 1911 में क्राँग्रेस अधिवेशन में गाने के लिए ही उन्होंने 'जन मन गण' लिखा था, जो बाद में हमारा राष्ट्रगीत बना और जिसे लेकर उनके जीवन में और बाद में विवाद उठाने की कोशिशें की गईं कि यह मूलत: जार्ज पंचम के स्वागत में लिखा गया है। इस तरह के

आरोपों से वह व्यथित होकर स्वयं प्रतिकार किया करते थे। वह तो उन लोगों में से थे, जिन्होंने लोकमान्य तिलक को जब ब्रिटिश सरकार ने कारावास का दंड दिया था तो खुलकर उनके समर्थन में आ खड़े हुए थे।

नोबेल पुरस्कार मिलने से पहले वह 1912 में बिना किसी खास इरादे के इंग्लैंड घूमने गए थे। तब तक सिस्टर निवेदिता उनकी रचना 'काबुलीवाला' का अँग्रेजी अनुवाद प्रकाशित करवा चुकी थीं। अपने समय के सबसे उल्लेखनीय कला-आलोचक आनन्द कुमारस्वामी ने भी 'माडर्न रिव्यू' में उनकी कविताओं के अनुवाद अँग्रेजी में किये थे। इन रचनाओं ने अँग्रेज चित्रकार रोथेंस्टीन का ध्यान उनकी ओर खींचा था, जो भारत में उनसे एक बार मिले भी थे। जब रवींद्रनाथ इंग्लैंड पहुँचे तो रोथेंस्टीन के पास ही रुके। उन्हें रवींद्रनाथ ने 'गीतांजली' की कविताओं का अँग्रेजी अनुवाद पढ़ने के लिए दिया। इससे प्रभावित रोथेंस्टीन ने अपने घर पर रवींद्रनाथ का परिचय विलियम बटलर येट्स जैसे बड़े कवि और महात्मा गाँधी से जुड़े सीएफ एंड्रयूज से करवाया। येट्स ने 'गीतांजलि' के अँग्रेजी अनुवाद की भूमिका लिखी, जिसके कारण रवींद्रनाथ की कविताओं की ओर सारी दुनिया का ध्यान गया। इसे इंडिया सोसाइटी ने प्रकाशित किया। इसके बाद उनकी और भी रचनाओं के अनुवाद प्रकाशित हुए और रवींद्रनाथ एक बड़े कवि और बुद्धिजीवी के रूप में स्वीकार किये गए। इन सब कारणों से नोबेल पुरस्कार मिलने की भूमिका बनी। इंग्लैंड में ही रवींद्रनाथ का परिचय एजरा पाउंड, टॉमस मूर, अल्बर्ट आइंस्टीन, रॉबर्ट फ्रास्ट, बनार्ड शॉ, एच जी वेल्स, रोम्यां रोला जैसे प्रसिद्ध हस्तियों से हुआ। इन सब पर उन्होंने अपना प्रभाव

छोड़ा। इसके बाद रवींद्रनाथ विभिन्न देशों में गए। 1878 से 1932 के बीच उन्होंने पाँचों महाद्वीपों के करीब चालीस देशों की यात्राएँ कीं। अमेरिका, ब्रिटेन, जापान, रूस, चीन आदि अनेक देश वह घूमे। किसी-किसी देश में वह एक बार से ज्यादा गए। 1916 में अमेरिका जाने से पहले उन्हें जापान जाने का मौका मिला। वह पहले जापान के बहुत प्रशंसक हुआ करते थे और उनका आरम्भ में वहाँ स्वागत भी बहुत हुआ मगर वहाँ जाकर उन्होंने अंध राष्ट्रवाद का जो उन्माद देखा, उससे वह व्यथित हुए और उसके विरोध में बोलने से हिचकिचाये नहीं। इस कारण शुरू के दिनों का वह भव्य स्वागत तो दूर रहा, इस महान कवि की ओर से लोगों ने मुँह मोड़ लिया और अन्त में केवल वही व्यक्ति उन्हें जहाज तक छोड़ने आए, जिनके पास वह ठहरे थे। इसी तरह 1920 में उनके साथ ब्रिटेन में भी उनके प्रति गर्मजोशी नहीं दिखाई गई, क्योंकि उन्होंने इससे पहले जलियाँवाला बाग हत्याकांड के विरोध में नाइटहुड की पदवी लौटा दी थी। उन्हें उम्मीद थी कि कम से कम ब्रिटेन के लोग तो जलियाँवाला बाग के विरोध में होंगे, मगर वहाँ भी उनका ठंडे ढंग से स्वागत हुआ। अमेरिका में भी उनकी उपेक्षा की गई और उनके व्यवस्थापक ने उनसे कहा कि वह आगे और उनका इन्तजाम नहीं कर पाएँगे। एक बार इटली गए तो वहाँ के तानाशाह मुसोलिनी की उन्होंने भूरीभूरी प्रशंसा करने की गलती कर बैठे। जब वह 'रोम्यां रोला' से मिले तो उन्हें अपनी गलती का अहसास हुआ और अपना रुख मैनचेस्टर गार्डियन में उन्होंने स्पष्ट किया।

रवींद्रनाथ, महात्मा गाँधी के अनन्य प्रशंसकों में थे। गाँधीजी से उनकी कई बार मुलाकातें हुई थीं मगर राष्ट्रवाद, राष्ट्रभक्ति, चरखा

कातने, सांस्कृतिक आदान–प्रदान के महत्व आदि के बारे में उनके विचार गाँधीजी से नहीं मिलते थे। आर्थिक और सामाजिक विकास की भूमिका पर भी दोनों के बीच मतभेद थे। रवींद्रनाथ तार्किकता पर बल देते थे और गाँधी पारम्परिक दृष्टिकोण पर। इन और अन्य मतभेदों के बावजूद रवींद्रनाथ ने ही उन्हें महात्मा कहे जाने को लोकप्रिय बनाया। जहाँ तक दोनों के बीच मतभेदों की बात है एक बार महात्मा गाँधी शान्ति निकेतन आए। एक लड़की ने उनसे उनके ऑटोग्राफ बुक पर हस्ताक्षर करने को कहा। गाँधीजी ने हस्ताक्षर करने से पहले ऊपर लिखा—'जल्दबाजी में किसी को वचन मत दो और दे दो तो उसे अपनी जान की बाजी लगाकर भी निभाओ।' रवींद्रनाथ उनके पास ही खड़े थे। वह यह पढ़कर काफी उत्तेजित हुए। उन्होंने वहीं, उसी समय, उसकी पुस्तिका में बांग्ला में एक छोटी सी कविता लिखी, जिसका आशय यह था कि अतीत के बंधनों में आदमी को जकड़ा नहीं रहना चाहिए। फिर शायद यह सोचकर कि उनकी बात गाँधीजी समझ नहीं होंगे, इसलिए उन्होंने अँग्रेजी में लिखा—'अगर तुमने किसी को वचन दिया है और गलत वचन दिया है तो उसे भूल जाना ही श्रेयस्कर होगा, न कि उसे पूरा करना। इस प्रसंग को बताते हुए अर्थशास्त्र के लिए नोबेल पुरस्कार पानेवाले अमर्त्य सेन लिखते हैं कि रवींद्रनाथ ने कभी महात्मा की व्यक्तिगत रूप से आलोचना नहीं की बल्कि उन्हें बहुत बड़ा राजनीतिक संगठनकर्ता तथा नैतिक सुधार में समर्थ नेता बताया, लेकिन महात्मा गाँधी का राष्ट्रवाद तथा देश की प्राचीन परंपराओं के प्रति प्रेम उनकी समझ के परे था।

रवींद्रनाथ जैसा उपलब्धियों भरा जीवन, वैसा जीवट हरेक में

नहीं होता। इतनी सारी गतिविधियों के बीच, इतनी निन्दा और प्रशंसा से घिरकर भी अपने विश्वासों और अपनी रचनात्मकता को बचाये रखना आसान नहीं होता। शायद मानव जीवन का कोई पक्ष उनकी कविता(और साहित्य) से छूटा हो–प्रेम की विकलता से लेकर मनुष्य के कष्टों–दुखों के साथ मनुष्य होकर भी मनुष्येतर होने की आकांक्षा सब वहाँ है। उनकी कविता एक जगह स्थिर होकर नहीं रही, वह नया–नया रूप लेती गई। आरम्भ से लेकर अपनी जीवन यात्रा के अन्तिम दशक तक वह कविता, गीत, नृत्यनाटक, यात्रावृत्तांत, समीक्षा, उपन्यास और चिंतपरक लेख लिखते रहे। इसी तरह कहानी में भी वह नये युग के प्रवर्तक माने जाते हैं, जिसने देश–समाज से रचना को जोड़ा। उनकी लिखने की आकांक्षा कितनी बलवती थी कि 1940 से जब उनकी तबियत ज्यादा खराब रहने लगी और जब 7 अगस्त, 1941 को उनकी मृत्यु से पहले उनका अन्तिम ऑपरेशन कोलकाता में होना तय हुआ, तब वह स्वयं तो लिख नहीं पाते थे मगर उन्होंने 'दुख की काली रात' और 'छलिया तुम' कविताएँ लिखवाईं। कविता के प्रति ऐसा समर्पण, ऐसी जिजिविषा और कहाँ मिलेगी ?

रवींद्रनाथ ने कहा है :

तार्किकता एक ऐसा चाकू है, जिसमें सिर्फ धार ही धार है, जिसके इस्तेमाल से हाथ कट जाता है, खून बहने लगता है।

•

बुजुर्ग सोचते रह जाते हैं, युवा जाते हैं।

•

फूल की पंखुड़ियाँ तोड़-तोड़ कर उसकी सुंदरता को नहीं पाया जा सकता।

•

स्वतन्त्रता किसी को उसकी सही कीमत चुकाए बिना नहीं मिलती।

•

जिनके पास जितना ज्यादा होता है, उनका डर भी उतना ही ज्यादा होता है।

•

जब आप पूरा सच बोलना नहीं चाहते तो आप बड़बोलेपन पर उतर आते हैं।

•

बर्तन में रखा पानी चमकीला नजर आता है जबकि समुद्र का पानी गहरा रंग लिये होता है। जब सच थोड़ा होता है तो वह अपनी

चमक दिखाता है लेकिन जब वह भरपूर होता है तो गहरा मौन पैदा करता है।

•

तितली अपनी जिंदगी की गिनती महीनों में नहीं करती, वह कुछ क्षणों में ही जीवन को देखती है और इतना समय भी उसके लिए काफी होता है।

•

संगीत दो आत्माओं के बीच के अन्तराल को भरता है।

•

अगर आपको गलती करने से ही डर लगता है तो आप सत्य का कभी साक्षात्कार नहीं कर सकते।

•

जो दूसरों की भलाई करने में व्यस्त रहते हैं, वह खुद भला बनाने का समय नहीं निकाल पाते।

•

आस्था वह पक्षी है जो भोर के धुँधलके में प्रकाश की किरणों का आगमन देखना जानता है।

सत्य एक होता है, तथ्य अनेक।

•

जो कुछ हमारा है, वह भी तभी हम तक पहुँच पाता है जब हम

उसे ग्रहण करने की काबिलियत अपने भीतर पैदा कर लेते हैं।

•

जमीन से फूटकर निकला पेड़ जमीन से अपना रिश्ता खत्म नहीं कर लेता।

•

परिचय की दीर्घता, जरूरी नहीं कि मित्रता की गहराई का भी सूचक हो।

•

हमारी प्रार्थना यह नहीं होनी चाहिए कि हम हमेशा खतरों से बचे रहें बल्कि हमारे प्रार्थना यह होनी चाहिए कि हम खतरों से मुकाबला करने योग्य बन सकें।

•

प्रसन्न रहना सहज है, मगर सहज रहना बहुत कठिन है।

•

कलाकार प्रकृति का प्रेमी भी होता है, उसका दास भी और उसका स्वामी भी।

•

चन्द्रमा हमें अपना प्रकाश देता है अपनी कालिमा नहीं।

•

सच्चा प्रेम अधिकार जताने में नहीं है बल्कि दूसरे की स्वतन्त्र का सम्मान करने में है।

आजकल साहित्य के रस में काफी मिकदार में पानी मिलाकर बच्चों के लिए जो मन बहलाने वाली किताबें लिखी जाती हैं, बच्चों की उन्हें समझने में बिल्कुल दिलचस्पी नहीं होती। दरअसल उन्हें इनसान ही नहीं समझा जाता। असल में होना तो यह चाहिए कि बच्चे जो भी किताब पढ़ें, उसका कुछ तो उनकी समझ में आए और कुछ न आए। हम लोग अपने बचपन में जो किताबें पढ़ते थे, उन्हें कुछ समझ पाते थे और कुछ नहीं भी समझ पाते थे। दोनों का हमारे मन पर असर पड़ता था। दुनिया भी बच्चों के मन पर ठीक ऐसा ही असर करती रहती है, इसे जितना वह समझ पाते हैं, उतना पा लेते हैं और जितना नहीं समझते, वह भी उन्हें आगे की तरफ धकेल ले जाता है।

•

बच्चों को कुछ और देना अच्छा है मगर इनाम देना नहीं। बच्चे बाहर की तरफ देखें, अपनी तरफ न देखें, यही उनके हित में है।

❑❑❑